RESTAURANT

REVIEWS

This Belongs To:

____

RESTAURANT

LOCATION/ADDRESS

CONTACT DETAILS

SOCIAL MEDIA

CUISINE

OPERATING HOURS

OTHER INFORMATION

What I Ordered

Ambiance
☆☆☆☆☆
Cleanliness
☆☆☆☆☆
Service
☆☆☆☆☆
Authenticity
☆☆☆☆☆
Food
☆☆☆☆☆
Overall
☆☆☆☆☆

OVERALL THOUGHTS

RESTAURANT

LOCATION/ADDRESS

CONTACT DETAILS

SOCIAL MEDIA

CUISINE

OPERATING HOURS

OTHER INFORMATION

What I Ordered

☆☆☆☆☆

☆☆☆☆☆

☆☆☆☆☆

☆☆☆☆☆

☆☆☆☆☆

☆☆☆☆☆

☆☆☆☆☆

☆☆☆☆☆

☆☆☆☆☆

☆☆☆☆☆

Ambiance
☆☆☆☆☆
Cleanliness
☆☆☆☆☆
Service
☆☆☆☆☆
Authenticity
☆☆☆☆☆
Food
☆☆☆☆☆
Overall
☆☆☆☆☆

OVERALL THOUGHTS

RESTAURANT

LOCATION/ADDRESS

CONTACT DETAILS

SOCIAL MEDIA

CUISINE

OPERATING HOURS

OTHER INFORMATION

What I Ordered

☆☆☆☆☆
☆☆☆☆☆
☆☆☆☆☆
☆☆☆☆☆
☆☆☆☆☆
☆☆☆☆☆
☆☆☆☆☆
☆☆☆☆☆
☆☆☆☆☆
☆☆☆☆☆

Ambiance
☆☆☆☆☆
Cleanliness
☆☆☆☆☆
Service
☆☆☆☆☆
Authenticity
☆☆☆☆☆
Food
☆☆☆☆☆
Overall
☆☆☆☆☆

OVERALL THOUGHTS

RESTAURANT

What I Ordered

☆☆☆☆☆

☆☆☆☆☆

☆☆☆☆☆

☆☆☆☆☆

☆☆☆☆☆

☆☆☆☆☆

☆☆☆☆☆

☆☆☆☆☆

☆☆☆☆☆

☆☆☆☆☆

LOCATION/ADDRESS

CONTACT DETAILS

SOCIAL MEDIA

CUISINE

OPERATING HOURS

OTHER INFORMATION

Ambiance
☆☆☆☆☆
Cleanliness
☆☆☆☆☆
Service
☆☆☆☆☆
Authenticity
☆☆☆☆☆
Food
☆☆☆☆☆
Overall
☆☆☆☆☆

OVERALL THOUGHTS

RESTAURANT

What I Ordered

☆☆☆☆☆

☆☆☆☆☆

☆☆☆☆☆

☆☆☆☆☆

☆☆☆☆☆

☆☆☆☆☆

☆☆☆☆☆

☆☆☆☆☆

☆☆☆☆☆

☆☆☆☆☆

LOCATION/ADDRESS

CONTACT DETAILS

SOCIAL MEDIA

CUISINE

OPERATING HOURS

OTHER INFORMATION

Ambiance
☆☆☆☆☆
Cleanliness
☆☆☆☆☆
Service
☆☆☆☆☆
Authenticity
☆☆☆☆☆
Food
☆☆☆☆☆
Overall
☆☆☆☆☆

OVERALL THOUGHTS

RESTAURANT

LOCATION/ADDRESS

CONTACT DETAILS

SOCIAL MEDIA

CUISINE

OPERATING HOURS

OTHER INFORMATION

What I Ordered

☆☆☆☆☆

☆☆☆☆☆

☆☆☆☆☆

☆☆☆☆☆

☆☆☆☆☆

☆☆☆☆☆

☆☆☆☆☆

☆☆☆☆☆

☆☆☆☆☆

☆☆☆☆☆

Ambiance

☆☆☆☆☆

Cleanliness

☆☆☆☆☆

Service

☆☆☆☆☆

Authenticity

☆☆☆☆☆

Food

☆☆☆☆☆

Overall

☆☆☆☆☆

OVERALL THOUGHTS

RESTAURANT

LOCATION/ADDRESS

CONTACT DETAILS

SOCIAL MEDIA

CUISINE

OPERATING HOURS

OTHER INFORMATION

What I Ordered

☆☆☆☆☆
☆☆☆☆☆
☆☆☆☆☆
☆☆☆☆☆
☆☆☆☆☆
☆☆☆☆☆
☆☆☆☆☆
☆☆☆☆☆
☆☆☆☆☆
☆☆☆☆☆

Ambiance
☆☆☆☆☆
Cleanliness
☆☆☆☆☆
Service
☆☆☆☆☆
Authenticity
☆☆☆☆☆
Food
☆☆☆☆☆
Overall
☆☆☆☆☆

OVERALL THOUGHTS

RESTAURANT

LOCATION/ADDRESS

CONTACT DETAILS

SOCIAL MEDIA

CUISINE

OPERATING HOURS

OTHER INFORMATION

What I Ordered

☆☆☆☆☆

☆☆☆☆☆

☆☆☆☆☆

☆☆☆☆☆

☆☆☆☆☆

☆☆☆☆☆

☆☆☆☆☆

☆☆☆☆☆

☆☆☆☆☆

☆☆☆☆☆

Ambiance
☆☆☆☆☆
Cleanliness
☆☆☆☆☆
Service
☆☆☆☆☆
Authenticity
☆☆☆☆☆
Food
☆☆☆☆☆
Overall
☆☆☆☆☆

OVERALL THOUGHTS

RESTAURANT

LOCATION/ADDRESS

CONTACT DETAILS

SOCIAL MEDIA

CUISINE

OPERATING HOURS

OTHER INFORMATION

What I Ordered

☆☆☆☆☆

☆☆☆☆☆

☆☆☆☆☆

☆☆☆☆☆

☆☆☆☆☆

☆☆☆☆☆

☆☆☆☆☆

☆☆☆☆☆

☆☆☆☆☆

☆☆☆☆☆

Ambiance
☆☆☆☆☆
Cleanliness
☆☆☆☆☆
Service
☆☆☆☆☆
Authenticity
☆☆☆☆☆
Food
☆☆☆☆☆
Overall
☆☆☆☆☆

OVERALL THOUGHTS

RESTAURANT

What I Ordered

☆☆☆☆☆

☆☆☆☆☆

☆☆☆☆☆

☆☆☆☆☆

☆☆☆☆☆

☆☆☆☆☆

☆☆☆☆☆

☆☆☆☆☆

☆☆☆☆☆

☆☆☆☆☆

LOCATION/ADDRESS

CONTACT DETAILS

SOCIAL MEDIA

CUISINE

OPERATING HOURS

OTHER INFORMATION

Ambiance
☆☆☆☆☆
Cleanliness
☆☆☆☆☆
Service
☆☆☆☆☆
Authenticity
☆☆☆☆☆
Food
☆☆☆☆☆
Overall
☆☆☆☆☆

OVERALL THOUGHTS

RESTAURANT

LOCATION/ADDRESS

CONTACT DETAILS

SOCIAL MEDIA

CUISINE

OPERATING HOURS

OTHER INFORMATION

What I Ordered

☆☆☆☆☆

☆☆☆☆☆

☆☆☆☆☆

☆☆☆☆☆

☆☆☆☆☆

☆☆☆☆☆

☆☆☆☆☆

☆☆☆☆☆

☆☆☆☆☆

☆☆☆☆☆

Ambiance
☆☆☆☆☆
Cleanliness
☆☆☆☆☆
Service
☆☆☆☆☆
Authenticity
☆☆☆☆☆
Food
☆☆☆☆☆
Overall
☆☆☆☆☆

OVERALL THOUGHTS

RESTAURANT

What I Ordered

☆☆☆☆☆

☆☆☆☆☆

☆☆☆☆☆

☆☆☆☆☆

☆☆☆☆☆

☆☆☆☆☆

☆☆☆☆☆

☆☆☆☆☆

☆☆☆☆☆

☆☆☆☆☆

LOCATION/ADDRESS

CONTACT DETAILS

SOCIAL MEDIA

CUISINE

OPERATING HOURS

OTHER INFORMATION

Ambiance
☆☆☆☆☆
Cleanliness
☆☆☆☆☆
Service
☆☆☆☆☆
Authenticity
☆☆☆☆☆
Food
☆☆☆☆☆
Overall
☆☆☆☆☆

OVERALL THOUGHTS

RESTAURANT

LOCATION/ADDRESS

CONTACT DETAILS

SOCIAL MEDIA

CUISINE

OPERATING HOURS

OTHER INFORMATION

What I Ordered

☆☆☆☆☆

☆☆☆☆☆

☆☆☆☆☆

☆☆☆☆☆

☆☆☆☆☆

☆☆☆☆☆

☆☆☆☆☆

☆☆☆☆☆

☆☆☆☆☆

☆☆☆☆☆

Ambiance
☆☆☆☆☆
Cleanliness
☆☆☆☆☆
Service
☆☆☆☆☆
Authenticity
☆☆☆☆☆
Food
☆☆☆☆☆
Overall
☆☆☆☆☆

OVERALL THOUGHTS

RESTAURANT

LOCATION/ADDRESS

CONTACT DETAILS

SOCIAL MEDIA

CUISINE

OPERATING HOURS

OTHER INFORMATION

What I Ordered

What I Ordered
☆☆☆☆☆
☆☆☆☆☆
☆☆☆☆☆
☆☆☆☆☆
☆☆☆☆☆
☆☆☆☆☆
☆☆☆☆☆
☆☆☆☆☆
☆☆☆☆☆
☆☆☆☆☆

Ambiance

☆☆☆☆☆

Cleanliness

☆☆☆☆☆

Service

☆☆☆☆☆

Authenticity

☆☆☆☆☆

Food

☆☆☆☆☆

Overall

☆☆☆☆☆

OVERALL THOUGHTS

RESTAURANT

LOCATION/ADDRESS

CONTACT DETAILS

SOCIAL MEDIA

CUISINE

OPERATING HOURS

OTHER INFORMATION

What I Ordered

☆☆☆☆☆

☆☆☆☆☆

☆☆☆☆☆

☆☆☆☆☆

☆☆☆☆☆

☆☆☆☆☆

☆☆☆☆☆

☆☆☆☆☆

☆☆☆☆☆

☆☆☆☆☆

Ambiance
☆☆☆☆☆
Cleanliness
☆☆☆☆☆
Service
☆☆☆☆☆
Authenticity
☆☆☆☆☆
Food
☆☆☆☆☆
Overall
☆☆☆☆☆

OVERALL THOUGHTS

RESTAURANT

LOCATION/ADDRESS

CONTACT DETAILS

SOCIAL MEDIA

CUISINE

OPERATING HOURS

OTHER INFORMATION

What I Ordered

☆☆☆☆☆

☆☆☆☆☆

☆☆☆☆☆

☆☆☆☆☆

☆☆☆☆☆

☆☆☆☆☆

☆☆☆☆☆

☆☆☆☆☆

☆☆☆☆☆

☆☆☆☆☆

Ambiance
☆☆☆☆☆
Cleanliness
☆☆☆☆☆
Service
☆☆☆☆☆
Authenticity
☆☆☆☆☆
Food
☆☆☆☆☆
Overall
☆☆☆☆☆

OVERALL THOUGHTS

RESTAURANT

LOCATION/ADDRESS

CONTACT DETAILS

SOCIAL MEDIA

CUISINE

OPERATING HOURS

OTHER INFORMATION

What I Ordered

☆☆☆☆☆
☆☆☆☆☆
☆☆☆☆☆
☆☆☆☆☆
☆☆☆☆☆
☆☆☆☆☆
☆☆☆☆☆
☆☆☆☆☆
☆☆☆☆☆
☆☆☆☆☆

Ambiance ☆☆☆☆☆
Cleanliness ☆☆☆☆☆
Service ☆☆☆☆☆
Authenticity ☆☆☆☆☆
Food ☆☆☆☆☆
Overall ☆☆☆☆☆

OVERALL THOUGHTS

RESTAURANT

LOCATION/ADDRESS

CONTACT DETAILS

SOCIAL MEDIA

CUISINE

OPERATING HOURS

OTHER INFORMATION

What I Ordered

☆☆☆☆☆

☆☆☆☆☆

☆☆☆☆☆

☆☆☆☆☆

☆☆☆☆☆

☆☆☆☆☆

☆☆☆☆☆

☆☆☆☆☆

☆☆☆☆☆

☆☆☆☆☆

Ambiance
☆☆☆☆☆
Cleanliness
☆☆☆☆☆
Service
☆☆☆☆☆
Authenticity
☆☆☆☆☆
Food
☆☆☆☆☆
Overall
☆☆☆☆☆

OVERALL THOUGHTS

RESTAURANT

LOCATION/ADDRESS

CONTACT DETAILS

SOCIAL MEDIA

CUISINE

OPERATING HOURS

OTHER INFORMATION

What I Ordered

☆☆☆☆☆

☆☆☆☆☆

☆☆☆☆☆

☆☆☆☆☆

☆☆☆☆☆

☆☆☆☆☆

☆☆☆☆☆

☆☆☆☆☆

☆☆☆☆☆

☆☆☆☆☆

Ambiance
☆☆☆☆☆
Cleanliness
☆☆☆☆☆
Service
☆☆☆☆☆
Authenticity
☆☆☆☆☆
Food
☆☆☆☆☆
Overall
☆☆☆☆☆

OVERALL THOUGHTS

RESTAURANT

LOCATION/ADDRESS

CONTACT DETAILS

SOCIAL MEDIA

CUISINE

OPERATING HOURS

OTHER INFORMATION

What I Ordered

What I Ordered
☆☆☆☆☆
☆☆☆☆☆
☆☆☆☆☆
☆☆☆☆☆
☆☆☆☆☆
☆☆☆☆☆
☆☆☆☆☆
☆☆☆☆☆
☆☆☆☆☆
☆☆☆☆☆

Ambiance
☆☆☆☆☆
Cleanliness
☆☆☆☆☆
Service
☆☆☆☆☆
Authenticity
☆☆☆☆☆
Food
☆☆☆☆☆
Overall
☆☆☆☆☆

OVERALL THOUGHTS

RESTAURANT

LOCATION/ADDRESS

CONTACT DETAILS

SOCIAL MEDIA

CUISINE

OPERATING HOURS

OTHER INFORMATION

What I Ordered

☆☆☆☆☆

☆☆☆☆☆

☆☆☆☆☆

☆☆☆☆☆

☆☆☆☆☆

☆☆☆☆☆

☆☆☆☆☆

☆☆☆☆☆

☆☆☆☆☆

☆☆☆☆☆

Ambiance
☆☆☆☆☆
Cleanliness
☆☆☆☆☆
Service
☆☆☆☆☆
Authenticity
☆☆☆☆☆
Food
☆☆☆☆☆
Overall
☆☆☆☆☆

OVERALL THOUGHTS

RESTAURANT

LOCATION/ADDRESS

CONTACT DETAILS

SOCIAL MEDIA

CUISINE

OPERATING HOURS

OTHER INFORMATION

What I Ordered

☆☆☆☆☆

☆☆☆☆☆

☆☆☆☆☆

☆☆☆☆☆

☆☆☆☆☆

☆☆☆☆☆

☆☆☆☆☆

☆☆☆☆☆

☆☆☆☆☆

☆☆☆☆☆

Ambiance ☆☆☆☆☆
Cleanliness ☆☆☆☆☆
Service ☆☆☆☆☆
Authenticity ☆☆☆☆☆
Food ☆☆☆☆☆
Overall ☆☆☆☆☆

OVERALL THOUGHTS

RESTAURANT

What I Ordered

☆☆☆☆☆

☆☆☆☆☆

☆☆☆☆☆

☆☆☆☆☆

☆☆☆☆☆

☆☆☆☆☆

☆☆☆☆☆

☆☆☆☆☆

☆☆☆☆☆

☆☆☆☆☆

LOCATION/ADDRESS

CONTACT DETAILS

SOCIAL MEDIA

CUISINE

OPERATING HOURS

OTHER INFORMATION

Ambiance

☆☆☆☆☆

Cleanliness

☆☆☆☆☆

Service

☆☆☆☆☆

Authenticity

☆☆☆☆☆

Food

☆☆☆☆☆

Overall

☆☆☆☆☆

OVERALL THOUGHTS

RESTAURANT

LOCATION/ADDRESS

CONTACT DETAILS

SOCIAL MEDIA

CUISINE

OPERATING HOURS

OTHER INFORMATION

What I Ordered

☆☆☆☆☆

☆☆☆☆☆

☆☆☆☆☆

☆☆☆☆☆

☆☆☆☆☆

☆☆☆☆☆

☆☆☆☆☆

☆☆☆☆☆

☆☆☆☆☆

☆☆☆☆☆

Ambiance
☆☆☆☆☆
Cleanliness
☆☆☆☆☆
Service
☆☆☆☆☆
Authenticity
☆☆☆☆☆
Food
☆☆☆☆☆
Overall
☆☆☆☆☆

OVERALL THOUGHTS

RESTAURANT

LOCATION/ADDRESS

CONTACT DETAILS

SOCIAL MEDIA

CUISINE

OPERATING HOURS

OTHER INFORMATION

What I Ordered

☆☆☆☆☆

☆☆☆☆☆

☆☆☆☆☆

☆☆☆☆☆

☆☆☆☆☆

☆☆☆☆☆

☆☆☆☆☆

☆☆☆☆☆

☆☆☆☆☆

☆☆☆☆☆

Ambiance

☆☆☆☆☆

Cleanliness

☆☆☆☆☆

Service

☆☆☆☆☆

Authenticity

☆☆☆☆☆

Food

☆☆☆☆☆

Overall

☆☆☆☆☆

OVERALL THOUGHTS

RESTAURANT

LOCATION/ADDRESS

CONTACT DETAILS

SOCIAL MEDIA

CUISINE

OPERATING HOURS

OTHER INFORMATION

What I Ordered

☆☆☆☆☆

☆☆☆☆☆

☆☆☆☆☆

☆☆☆☆☆

☆☆☆☆☆

☆☆☆☆☆

☆☆☆☆☆

☆☆☆☆☆

☆☆☆☆☆

☆☆☆☆☆

Ambiance

☆☆☆☆☆

Cleanliness

☆☆☆☆☆

Service

☆☆☆☆☆

Authenticity

☆☆☆☆☆

Food

☆☆☆☆☆

Overall

☆☆☆☆☆

OVERALL THOUGHTS

RESTAURANT

LOCATION/ADDRESS

CONTACT DETAILS

SOCIAL MEDIA

CUISINE

OPERATING HOURS

OTHER INFORMATION

What I Ordered

☆☆☆☆☆

☆☆☆☆☆

☆☆☆☆☆

☆☆☆☆☆

☆☆☆☆☆

☆☆☆☆☆

☆☆☆☆☆

☆☆☆☆☆

☆☆☆☆☆

☆☆☆☆☆

Ambiance
☆☆☆☆☆
Cleanliness
☆☆☆☆☆
Service
☆☆☆☆☆
Authenticity
☆☆☆☆☆
Food
☆☆☆☆☆
Overall
☆☆☆☆☆

OVERALL THOUGHTS

RESTAURANT

LOCATION/ADDRESS

CONTACT DETAILS

SOCIAL MEDIA

CUISINE

OPERATING HOURS

OTHER INFORMATION

What I Ordered

☆☆☆☆☆

☆☆☆☆☆

☆☆☆☆☆

☆☆☆☆☆

☆☆☆☆☆

☆☆☆☆☆

☆☆☆☆☆

☆☆☆☆☆

☆☆☆☆☆

☆☆☆☆☆

Ambiance

☆☆☆☆☆

Cleanliness

☆☆☆☆☆

Service

☆☆☆☆☆

Authenticity

☆☆☆☆☆

Food

☆☆☆☆☆

Overall

☆☆☆☆☆

OVERALL THOUGHTS

RESTAURANT

LOCATION/ADDRESS

CONTACT DETAILS

SOCIAL MEDIA

CUISINE

OPERATING HOURS

OTHER INFORMATION

What I Ordered

☆☆☆☆☆

☆☆☆☆☆

☆☆☆☆☆

☆☆☆☆☆

☆☆☆☆☆

☆☆☆☆☆

☆☆☆☆☆

☆☆☆☆☆

☆☆☆☆☆

☆☆☆☆☆

Ambiance

☆☆☆☆☆

Cleanliness

☆☆☆☆☆

Service

☆☆☆☆☆

Authenticity

☆☆☆☆☆

Food

☆☆☆☆☆

Overall

☆☆☆☆☆

OVERALL THOUGHTS

RESTAURANT

LOCATION/ADDRESS

CONTACT DETAILS

SOCIAL MEDIA

CUISINE

OPERATING HOURS

OTHER INFORMATION

What I Ordered

☆☆☆☆☆

☆☆☆☆☆

☆☆☆☆☆

☆☆☆☆☆

☆☆☆☆☆

☆☆☆☆☆

☆☆☆☆☆

☆☆☆☆☆

☆☆☆☆☆

☆☆☆☆☆

Ambiance
☆☆☆☆☆
Cleanliness
☆☆☆☆☆
Service
☆☆☆☆☆
Authenticity
☆☆☆☆☆
Food
☆☆☆☆☆
Overall
☆☆☆☆☆

OVERALL THOUGHTS

RESTAURANT

LOCATION/ADDRESS

CONTACT DETAILS

SOCIAL MEDIA

CUISINE

OPERATING HOURS

OTHER INFORMATION

What I Ordered

☆☆☆☆☆

☆☆☆☆☆

☆☆☆☆☆

☆☆☆☆☆

☆☆☆☆☆

☆☆☆☆☆

☆☆☆☆☆

☆☆☆☆☆

☆☆☆☆☆

☆☆☆☆☆

Ambiance
☆☆☆☆☆
Cleanliness
☆☆☆☆☆
Service
☆☆☆☆☆
Authenticity
☆☆☆☆☆
Food
☆☆☆☆☆
Overall
☆☆☆☆☆

OVERALL THOUGHTS

RESTAURANT

LOCATION/ADDRESS

CONTACT DETAILS

SOCIAL MEDIA

CUISINE

OPERATING HOURS

OTHER INFORMATION

What I Ordered

☆☆☆☆☆

☆☆☆☆☆

☆☆☆☆☆

☆☆☆☆☆

☆☆☆☆☆

☆☆☆☆☆

☆☆☆☆☆

☆☆☆☆☆

☆☆☆☆☆

☆☆☆☆☆

Ambiance
☆☆☆☆☆
Cleanliness
☆☆☆☆☆
Service
☆☆☆☆☆
Authenticity
☆☆☆☆☆
Food
☆☆☆☆☆
Overall
☆☆☆☆☆

OVERALL THOUGHTS

RESTAURANT

LOCATION/ADDRESS

CONTACT DETAILS

SOCIAL MEDIA

CUISINE

OPERATING HOURS

OTHER INFORMATION

What I Ordered

☆☆☆☆☆
☆☆☆☆☆
☆☆☆☆☆
☆☆☆☆☆
☆☆☆☆☆
☆☆☆☆☆
☆☆☆☆☆
☆☆☆☆☆
☆☆☆☆☆
☆☆☆☆☆

Ambiance
☆☆☆☆☆
Cleanliness
☆☆☆☆☆
Service
☆☆☆☆☆
Authenticity
☆☆☆☆☆
Food
☆☆☆☆☆
Overall
☆☆☆☆☆

OVERALL THOUGHTS

RESTAURANT

What I Ordered

☆☆☆☆☆

☆☆☆☆☆

☆☆☆☆☆

☆☆☆☆☆

☆☆☆☆☆

☆☆☆☆☆

☆☆☆☆☆

☆☆☆☆☆

☆☆☆☆☆

☆☆☆☆☆

LOCATION/ADDRESS

CONTACT DETAILS

SOCIAL MEDIA

CUISINE

OPERATING HOURS

OTHER INFORMATION

Ambiance
☆☆☆☆☆
Cleanliness
☆☆☆☆☆
Service
☆☆☆☆☆
Authenticity
☆☆☆☆☆
Food
☆☆☆☆☆
Overall
☆☆☆☆☆

OVERALL THOUGHTS

RESTAURANT

LOCATION/ADDRESS

CONTACT DETAILS

SOCIAL MEDIA

CUISINE

OPERATING HOURS

OTHER INFORMATION

What I Ordered

☆☆☆☆☆

☆☆☆☆☆

☆☆☆☆☆

☆☆☆☆☆

☆☆☆☆☆

☆☆☆☆☆

☆☆☆☆☆

☆☆☆☆☆

☆☆☆☆☆

☆☆☆☆☆

Ambiance
☆☆☆☆☆
Cleanliness
☆☆☆☆☆
Service
☆☆☆☆☆
Authenticity
☆☆☆☆☆
Food
☆☆☆☆☆
Overall
☆☆☆☆☆

OVERALL THOUGHTS

RESTAURANT

LOCATION/ADDRESS

CONTACT DETAILS

SOCIAL MEDIA

CUISINE

OPERATING HOURS

OTHER INFORMATION

What I Ordered

Ambiance

☆☆☆☆☆

Cleanliness

☆☆☆☆☆

Service

☆☆☆☆☆

Authenticity

☆☆☆☆☆

Food

☆☆☆☆☆

Overall

☆☆☆☆☆

OVERALL THOUGHTS

RESTAURANT

LOCATION/ADDRESS

CONTACT DETAILS

SOCIAL MEDIA

CUISINE

OPERATING HOURS

OTHER INFORMATION

What I Ordered

☆☆☆☆☆

☆☆☆☆☆

☆☆☆☆☆

☆☆☆☆☆

☆☆☆☆☆

☆☆☆☆☆

☆☆☆☆☆

☆☆☆☆☆

☆☆☆☆☆

☆☆☆☆☆

Ambiance

☆☆☆☆☆

Cleanliness

☆☆☆☆☆

Service

☆☆☆☆☆

Authenticity

☆☆☆☆☆

Food

☆☆☆☆☆

Overall

☆☆☆☆☆

OVERALL THOUGHTS

RESTAURANT

LOCATION/ADDRESS

CONTACT DETAILS

SOCIAL MEDIA

CUISINE

OPERATING HOURS

OTHER INFORMATION

What I Ordered

☆☆☆☆☆

☆☆☆☆☆

☆☆☆☆☆

☆☆☆☆☆

☆☆☆☆☆

☆☆☆☆☆

☆☆☆☆☆

☆☆☆☆☆

☆☆☆☆☆

☆☆☆☆☆

Ambiance
☆☆☆☆☆
Cleanliness
☆☆☆☆☆
Service
☆☆☆☆☆
Authenticity
☆☆☆☆☆
Food
☆☆☆☆☆
Overall
☆☆☆☆☆

OVERALL THOUGHTS

RESTAURANT

What I Ordered

☆☆☆☆☆

☆☆☆☆☆

☆☆☆☆☆

☆☆☆☆☆

☆☆☆☆☆

☆☆☆☆☆

☆☆☆☆☆

☆☆☆☆☆

☆☆☆☆☆

☆☆☆☆☆

LOCATION/ADDRESS

CONTACT DETAILS

SOCIAL MEDIA

CUISINE

OPERATING HOURS

OTHER INFORMATION

Ambiance

☆☆☆☆☆

Cleanliness

☆☆☆☆☆

Service

☆☆☆☆☆

Authenticity

☆☆☆☆☆

Food

☆☆☆☆☆

Overall

☆☆☆☆☆

OVERALL THOUGHTS

RESTAURANT

What I Ordered

☆☆☆☆☆

☆☆☆☆☆

☆☆☆☆☆

☆☆☆☆☆

☆☆☆☆☆

☆☆☆☆☆

☆☆☆☆☆

☆☆☆☆☆

☆☆☆☆☆

☆☆☆☆☆

LOCATION/ADDRESS

CONTACT DETAILS

SOCIAL MEDIA

CUISINE

OPERATING HOURS

OTHER INFORMATION

Ambiance
☆☆☆☆☆
Cleanliness
☆☆☆☆☆
Service
☆☆☆☆☆
Authenticity
☆☆☆☆☆
Food
☆☆☆☆☆
Overall
☆☆☆☆☆

OVERALL THOUGHTS

RESTAURANT

What I Ordered

LOCATION/ADDRESS

CONTACT DETAILS

SOCIAL MEDIA

CUISINE

OPERATING HOURS

OTHER INFORMATION

☆☆☆☆☆

☆☆☆☆☆

☆☆☆☆☆

☆☆☆☆☆

☆☆☆☆☆

☆☆☆☆☆

☆☆☆☆☆

☆☆☆☆☆

☆☆☆☆☆

☆☆☆☆☆

Ambiance
☆☆☆☆☆
Cleanliness
☆☆☆☆☆
Service
☆☆☆☆☆
Authenticity
☆☆☆☆☆
Food
☆☆☆☆☆
Overall
☆☆☆☆☆

OVERALL THOUGHTS

RESTAURANT

LOCATION/ADDRESS

CONTACT DETAILS

SOCIAL MEDIA

CUISINE

OPERATING HOURS

OTHER INFORMATION

What I Ordered

☆☆☆☆☆

☆☆☆☆☆

☆☆☆☆☆

☆☆☆☆☆

☆☆☆☆☆

☆☆☆☆☆

☆☆☆☆☆

☆☆☆☆☆

☆☆☆☆☆

☆☆☆☆☆

Ambiance
☆☆☆☆☆
Cleanliness
☆☆☆☆☆
Service
☆☆☆☆☆
Authenticity
☆☆☆☆☆
Food
☆☆☆☆☆
Overall
☆☆☆☆☆

OVERALL THOUGHTS

RESTAURANT

What I Ordered

☆☆☆☆☆

LOCATION/ADDRESS

☆☆☆☆☆

CONTACT DETAILS

☆☆☆☆☆

SOCIAL MEDIA

☆☆☆☆☆

CUISINE

☆☆☆☆☆

OPERATING HOURS

☆☆☆☆☆

OTHER INFORMATION

☆☆☆☆☆

☆☆☆☆☆

☆☆☆☆☆

☆☆☆☆☆

☆☆☆☆☆

Ambiance
☆☆☆☆☆
Cleanliness
☆☆☆☆☆
Service
☆☆☆☆☆
Authenticity
☆☆☆☆☆
Food
☆☆☆☆☆
Overall
☆☆☆☆☆

OVERALL THOUGHTS

RESTAURANT

LOCATION/ADDRESS

CONTACT DETAILS

SOCIAL MEDIA

CUISINE

OPERATING HOURS

OTHER INFORMATION

What I Ordered

☆☆☆☆☆

☆☆☆☆☆

☆☆☆☆☆

☆☆☆☆☆

☆☆☆☆☆

☆☆☆☆☆

☆☆☆☆☆

☆☆☆☆☆

☆☆☆☆☆

☆☆☆☆☆

Ambiance
☆☆☆☆☆
Cleanliness
☆☆☆☆☆
Service
☆☆☆☆☆
Authenticity
☆☆☆☆☆
Food
☆☆☆☆☆
Overall
☆☆☆☆☆

OVERALL THOUGHTS

RESTAURANT

LOCATION/ADDRESS

CONTACT DETAILS

SOCIAL MEDIA

CUISINE

OPERATING HOURS

OTHER INFORMATION

What I Ordered

☆☆☆☆☆

☆☆☆☆☆

☆☆☆☆☆

☆☆☆☆☆

☆☆☆☆☆

☆☆☆☆☆

☆☆☆☆☆

☆☆☆☆☆

☆☆☆☆☆

☆☆☆☆☆

Ambiance

☆☆☆☆☆

Cleanliness

☆☆☆☆☆

Service

☆☆☆☆☆

Authenticity

☆☆☆☆☆

Food

☆☆☆☆☆

Overall

☆☆☆☆☆

OVERALL THOUGHTS

RESTAURANT

LOCATION/ADDRESS

CONTACT DETAILS

SOCIAL MEDIA

CUISINE

OPERATING HOURS

OTHER INFORMATION

What I Ordered

☆☆☆☆☆

☆☆☆☆☆

☆☆☆☆☆

☆☆☆☆☆

☆☆☆☆☆

☆☆☆☆☆

☆☆☆☆☆

☆☆☆☆☆

☆☆☆☆☆

☆☆☆☆☆

Ambiance
☆☆☆☆☆
Cleanliness
☆☆☆☆☆
Service
☆☆☆☆☆
Authenticity
☆☆☆☆☆
Food
☆☆☆☆☆
Overall
☆☆☆☆☆

OVERALL THOUGHTS

RESTAURANT

LOCATION/ADDRESS

CONTACT DETAILS

SOCIAL MEDIA

CUISINE

OPERATING HOURS

OTHER INFORMATION

What I Ordered

☆☆☆☆☆

☆☆☆☆☆

☆☆☆☆☆

☆☆☆☆☆

☆☆☆☆☆

☆☆☆☆☆

☆☆☆☆☆

☆☆☆☆☆

☆☆☆☆☆

☆☆☆☆☆

Ambiance
☆☆☆☆☆
Cleanliness
☆☆☆☆☆
Service
☆☆☆☆☆
Authenticity
☆☆☆☆☆
Food
☆☆☆☆☆
Overall
☆☆☆☆☆

OVERALL THOUGHTS

RESTAURANT

LOCATION/ADDRESS

CONTACT DETAILS

SOCIAL MEDIA

CUISINE

OPERATING HOURS

OTHER INFORMATION

What I Ordered

☆☆☆☆☆

☆☆☆☆☆

☆☆☆☆☆

☆☆☆☆☆

☆☆☆☆☆

☆☆☆☆☆

☆☆☆☆☆

☆☆☆☆☆

☆☆☆☆☆

☆☆☆☆☆

Ambiance

☆☆☆☆☆

Cleanliness

☆☆☆☆☆

Service

☆☆☆☆☆

Authenticity

☆☆☆☆☆

Food

☆☆☆☆☆

Overall

☆☆☆☆☆

OVERALL THOUGHTS

RESTAURANT

LOCATION/ADDRESS

CONTACT DETAILS

SOCIAL MEDIA

CUISINE

OPERATING HOURS

OTHER INFORMATION

What I Ordered

☆☆☆☆☆

☆☆☆☆☆

☆☆☆☆☆

☆☆☆☆☆

☆☆☆☆☆

☆☆☆☆☆

☆☆☆☆☆

☆☆☆☆☆

☆☆☆☆☆

☆☆☆☆☆

Ambiance
☆☆☆☆☆
Cleanliness
☆☆☆☆☆
Service
☆☆☆☆☆
Authenticity
☆☆☆☆☆
Food
☆☆☆☆☆
Overall
☆☆☆☆☆

OVERALL THOUGHTS

RESTAURANT

What I Ordered

☆☆☆☆☆
☆☆☆☆☆
☆☆☆☆☆
☆☆☆☆☆
☆☆☆☆☆
☆☆☆☆☆
☆☆☆☆☆
☆☆☆☆☆
☆☆☆☆☆
☆☆☆☆☆

LOCATION/ADDRESS

CONTACT DETAILS

SOCIAL MEDIA

CUISINE

OPERATING HOURS

OTHER INFORMATION

Ambiance
☆☆☆☆☆
Cleanliness
☆☆☆☆☆
Service
☆☆☆☆☆
Authenticity
☆☆☆☆☆
Food
☆☆☆☆☆
Overall
☆☆☆☆☆

OVERALL THOUGHTS

Made in United States
North Haven, CT
23 February 2022